James Bennett

Was Uns Davon Abhält Reich Zu Werden

Reicher Sparer, Armer Sparer

Dieses Buch ist all denen gewidmet,
die bisher ohne Erfolg und Durchhaltevermögen
versucht haben reich zu werden.

Danksagung

Zuallererst möchte ich Gott, dem Schöpfer
danken, dass ich gesund und in der Lage bin,
frei zu denken und meine Gedanken mit
anderen zu teilen.
Ich danke kdp für die Ermöglichung dieses
Buches. Denn ohne kdp wäre es nur ein Traum
geblieben und niemals realisiert worden.

Inhaltsverzeichnis

EINLEITUNG

WAS IST GELD

Für die meisten Menschen bedeutet Geld in erster Linie Freiheit, Unabhängigkeit, Luxus und Glück. Geld, so ist die weit verbreitete Meinung, löst Probleme und macht das Leben erst so richtig lebenswert. Mit Geld kann man sich einen Traum von Leben erfüllen, um den einen andere beneiden. Wenn man Geld hat, gilt man als glücklich und ist angesehen. Wenn man Geld hat, lebt man den Traum, den andere haben. Man hat es geschafft und dient den anderen als Idol und als Vorbild. Dies wiederum weckt in den anderen das Verlangen, ja sogar die brennende Leidenschaft, es ihnen gleich tun zu wollen. Der Wille ist da, das heißt, er scheint da zu sein. Denn in Wirklichkeit glaubt niemand so wirklich daran, dass er jemals reich sein wird. Im Grunde genommen möchten es die wenigsten unter ihnen auch wirklich sein. Man möchte die anderen nur glauben machen, dass man es will. Es klingt paradox, doch bei genauerem Hinschauen entdecken wir unter der Oberfläche der meisten Menschen, die einfach nicht reich werden wollen, eine Einstellung, die es ihnen unmöglich macht, das zu werden, was sie sich vormachen.

Ihnen sind bestimmt Floskeln wie „Wenn ich im Lotto gewinne, dann..." oder „Wenn ich reich erben sollte, dann..." geläufig. Wie oft hören wir solche Äußerungen, von Menschen, die in Wirklichkeit, gar nicht glauben, dass sie reich werden und es im Grunde genommen auch gar nicht wollen? Jeder weiß um die Wahrscheinlichkeit eines Lottogewinns und trotzdem hat jeder schon einmal Lotto gespielt und manche spielen sogar regelmäßig.

Ist es nicht so, dass man sich mit der Durchschnittlichkeit abgefunden hat und es nur sich selbst und der Umwelt gegenüber schuldig ist, zu zeigen, „Seht her, ich versuche es doch, aber ich habe kein Glück!"

Darum, verehrte Leserinnen und Leser soll es in meinem Buch gehen. Der Zusammenhang zwischen geistiger Haltung und dem Vermögensaufbau wird hier verdeutlicht: Wenn man erst einmal die Prinzipien verinnerlicht hat, die einen daran hindern, ein beträchtliches Vermögen aufzubauen, hat man ein mächtiges Werkzeug in der Hand, mit welchem man an sich arbeiten und endlich anfangen kann für die Zukunft vorzusorgen.

Ich wünsche Ihnen viel Spaß bei der Lektüre dieses Buches.

Ihr James Bennett

KAPITEL 1

REICHER SPARER,
ARMER SPARER

Wer von Ihnen kennt das nicht. Man nimmt sich vor für sich und seine Lieben vorzusorgen und beginnt zu sparen. Doch beim kleinsten finanziellen Stürmchen werden die Ersparnisse angefressen oder gar ganz aufgebraucht. Und man beginnt wieder von vorne. Sie sagen sich: „Diesmal ist es anders, diesmal halte ich durch, egal was passiert."

Doch egal wie sehr Sie sich auch bemühen, Sie schaffen es einfach nicht, Ihr Ziel zu erreichen. Immer wieder kommt etwas Unvorhergesehenes dazwischen, sei es eine Autoreparatur, ein Urlaub oder aber auch ein neues Auto oder gar ein Haus. Warum schaffen wir es nicht zu sparen und dieses Ersparte nicht mehr anzurühren? Was bewegt uns immer wieder dazu uns selbst zu überlisten und unser Sparkonto leer zu räumen? Es sind vielfältige Gründe und Verhaltensweisen, die wir ändern müssen um uns vom armen Sparer zum reichen Sparer zu entwickeln. All die reichen dieser Welt machen es uns schon seit Jahrhunderten vor. Wir müssen nur genauer hinschauen und es von ihnen abgucken. Jedes Vermögen wird einmal groß, auch wenn man es mit kleinsten Beträgen füttert. Es sind nur zwei Dinge, die dazu notwendig sind: regelmäßige Einzahlungen, mindestens monatlich, und die Kraft es solange nicht mehr an zu fassen, bis man sein Ziel erreicht hat. Obwohl das sehr leicht klingt ist es in Praxis nur äußerst schwer zu erreichen. Zu den vielfältigen Gründen will ich im Laufe dieses Buches eingehen. Es geht hier um die Gründe, warum wir es nicht schaffen, reich zu werden. Ich werde mich auch mit gezielten Lösungsansätzen beschäftigen. Doch dazu später mehr.

KAPITEL 2

WARUM DIE GUT GEMEINTEN RATSCHLÄGE DER FINANZGURUS UNBRAUCHBAR SIND

Es klingt ja eigentlich ganz einfach: Arbeite fleißig, spare einen Teil deines Einkommens regelmäßig und mit Zins und Zinseszins bist du bald ein gemachter Mann und brauchst nie wieder zu arbeiten. Soweit die Theorie. Doch ist das menschliche Verhalten leider ein wenig komplexer gestrickt, als dass man sich einfache Ratschläge einholt, die in der Tat auch wirklich vernünftig sind und Sinn machen, und diese dann beherzigen würde.

Der Mensch ist nun mal inkonsequent und nicht gerade sehr ausdauernd. Menschen ändern ihre Meinung sehr oft im kurzen Rahmen und übersehen dabei das „große Bild". Eine kleine Frustration hier, ein kleines Wortgefecht da und man hat das Gefühl, die ganze Welt hätte sich gegen einen verschworen und man muss sich belohnen.

Frustessen, Frustkauf oder auch Frustausgang sind eine Möglichkeit sich kurzfristig zu behelfen und wieder auf zu rappeln. Man „muss" sich belohnen nach einer subjektiv kränkend wahrgenommenen Erfahrung. Sparen kann man ja immer noch, denkt man sich. Es zählt das hier und jetzt. Was im Rahmen einer angstfreien und gegenwartsbezogenen Lebensweise durchaus angebracht wäre, ist hier völlig fehl am Platze. Erstens verschwindet damit die Frustration nicht einfach, sondern ich wage zu behaupten, sie wird sogar noch größer, weil man ihr durch das belohnen müssen einen größeren Stellenwert beimisst, als ihr eigentlich zustehen würde. Und zweitens belügt man sich selbst, indem man sich Glück auf dem Konsumwege erkauft, was erwiesenermaßen ebenso schädlich wie unmöglich ist.

Bitte verstehen Sie mich nicht falsch. Ich bin schon der Meinung, dass man sich selbst belohnen sollte. Doch sollte man das nicht tun, wenn man frustriert ist, sondern vielmehr dann, wenn man die Frustration überwunden hat und sich selbst treu geblieben ist.

Der Mensch lernt natürlich besser durch Belohnung. Machen sie es sich zur Aufgabe, sich jedes mal zu belohnen, wenn sie sich an ein langfristiges Projekt halten. Belohnen Sie sich z. B. Immer wenn eine gewisse Zeit vergangen ist, und Sie nicht an Ihr Erspartes herangegangen sind, vielleicht alle drei Monate.

Diese Belohnungen müssen ja nicht viel kosten: Eine Auszeit, ein schöner Spaziergang bei Sonnenuntergang oder ein schönes Buch. Es gibt viele Möglichkeiten sich selbst zu zeigen, dass es sich lohnt bei der Stange zu bleiben. Mit der Zeit wird es immer schwieriger. Doch wenn die Belohnungen auch größer werden, wird es ihnen bald sehr viel Spaß machen. Das verspreche ich Ihnen.

Ein schöner Nebeneffekt ist, dass Sie dadurch ihre Disziplin und ihre Geduld trainieren und fördern, zwei unabdingbare Fähigkeiten für dauerhaften finanziellen Erfolg.

Sie fragen sich bestimmt, was das alles mit dem Reichwerden zu tun hat. Ihre geistige Einstellung entscheidet über Erfolg oder Misserfolg, Reichtum oder Armut, konsequentem Vermögensaufbau und Ausgeben des Geldes, darüber, ob Sie ein Vorhaben durchziehen oder frustriert das Handtuch werfen. Man kann es gar nicht oft genug betonen, arbeiten Sie an sich selbst, vor allen Dingen an Ihrer Geduld und sie werden ein immer besserer Investor und sie können zusehen, wie Ihr Vermögen wächst. Denn Reichtum beginnt schon im Kopf.

KAPITEL 3

WARUM WIR REICH SEIN WOLLEN

Sie kennen bestimmt einen Haufen reicher Leute, sei es aus dem Fernsehen, der Presse, dem Internet oder aus ihrem Bekanntenkreis. All diese Menschen scheinen etwas gemein zu haben: Sie sind erfolgreich, beliebt, angesehen und werden beneidet. Sie haben alles, wovon wir träumen. Ich habe in meiner Karriere schon viele Menschen kennen gelernt, darunter auch sehr reiche Menschen. Und ich muss Sie enttäuschen. Sie haben leider keine magische Fähigkeit und auch keinen siebten Sinn. Es sind ganz normale Menschen wie Sie und ich. Sie kochen auch nur mit Wasser. Nur haben Sie im Laufe Ihres Lebens eine geistige Einstellung entwickelt, die es ihnen erst ermöglichte diesen Reichtum aufzubauen und, was noch viel wichtiger ist, diesen Reichtum trotz aller Widrigkeiten, die das Leben so mit sich bringt, auch aufrecht zu erhalten. Ich werde im Folgenden darauf eingehen, was diese Menschen bewogen hat reich zu werden. Hier ist meine erste Erkenntnis und Definition:

Sie wollten nicht reich werden um des Traumes Willen sondern um des Geldes wegen.

Als kleiner Junge saß ich oft gebannt vor dem Fernseher, wenn über reiche Leute wie Stars, Politiker, Wissenschaftler und Sportler berichtet wurde. Ich sah Menschen in Prunk leben. Sie besaßen schöne Häuser und fuhren teure Autos. Und das regte mich zum träumen an. Und ich dachte mir, wenn ich groß bin, will ich auch das tun, was die machen. Ich werde Geschäftsmann oder Künstler und lebe auch diesen Traum. Mit meiner jugendlichen Naivität schloss ich die Schule ab und begann eine kaufmännische Ausbildung, die ich nach kurzer Zeit wieder abbrach. Ich spürte, dass das nicht das war, was mir Erfüllung und großen Reichtum bescheren würde. Ich musste weiter denken. Es folgten verschiedene Lotteriespiele, die hohen Gewinn versprachen. Doch ich verlor nur Geld. Das schien auch nicht die richtige Wahl zu sein um schnell reich zu werden. Hm, also überlegte ich weiter. Welche Möglichkeiten hatte ich noch? Ein Banküberfall? Nein, von dem Geld hätte ich vermutlich nicht viel, denn es wäre ja illegal und meine Gewissensbisse würden mich mein Leben lang quälen . Außerdem bin ich auch viel zu ehrlich.

Es musste etwas sein, dass legal, schnell und leicht war.

Ende 1999 hatte ich 10.000 DM zur freien Verfügung und wollte, nachdem ich im Spiegel einen Bericht über den Neuen Markt gelesen hatte, unbedingt in Technologie-Werte investieren. Ich las von Menschen, die an der Börse ein Vermögen gemacht hatten. Und ich erfuhr, dass die Märkte nur noch eine Richtung kannten, nämlich nach oben. Das war genau das, was ich gesucht hatte. Zu dieser Zeit war ich noch als Dolmetscher tätig. Nachdem mein Dienst beendet war wollte ich nur noch zu meiner Bank. Mein Berater bei der Bank brachte mich jedoch schnell wieder auf den Boden der Tatsachen zurück und riet mir davon ab, da ich aufgrund meiner Unerfahrenheit einen Totalverlust hätte erleiden können.

Ich weiß nicht ob er so etwas wie einen siebten Sinn hatte, oder ob es Zufall war, aber einige Monate später brachen die Märkte ein. Ich hatte Glück, dass ich nicht investiert war. Denn was hoch geht muss auch zwangsläufig wieder herunterkommen. Diese Erkenntnis macht sich bei mir breit wenn ich darüber reflektiere. Nun gut. Das Geld, dass ich damals an der Börse anlegen wollte war wie durch ein Wunder nach kurzer Zeit trotzdem weg. Dabei hatte ich mir doch, wie ich meinte, nichts besonderes gegönnt. Es entrann mir förmlich aus den Fingern. Dies war nicht der einzige Vorfall, wo ich etwas mehr Geld zur Verfügung hatte und es anlegen wollte. Doch mangels vernünftiger Alternativen parkte ich es immer wieder auf meinem Sparbuch. Denn da war es sicher. Aber leider nicht vor mir. Kaum hatte ich mir einen gewissen Betrag zusammengespart, und das war meist schon nach einigen Monaten, überredete ich mich selbst dazu das Geld wieder abzuheben. Denn all die auftretenden Ereignise waren für mich wichtiger, als mein langfristiges Ziel, nämlich ein stetiger Vermögensaufbau. Dies passierte mir immer und immer wieder. Woran lag es nur, dass ich nicht imstande war mein Sparvorhaben durch zu ziehen und das Geld wirklich liegen zu lassen? Wieso hob ich es immer wieder ab? Lag es an mir? An meiner Einstellung? Ich fing an mir Gedanken darüber zu machen, woran es lag, dass ich einfach nicht sparen konnte. Ich nahm es mir doch jedes mal so fest vor. Doch kaum hatte ich einen gewissen Betrag zusammen, hob ich es ab und belohnte mich mit Dingen, die ich genauso schnell wieder vergessen hatte, wie ich sie gekauft habe. Dieses Phänomen konnte ich auch bei anderen beobachten. Ich kenne niemanden der seine Ersparnisse noch nie angefasst hat. Manche schaffen es länger und manche, so wie ich, eben nicht so lange. Eine Lösung musste her.

KAPITEL 4

WARUM GELINGT ES DEN REICHEN REICH ZU WERDEN?

„Die Gabe, Geld zu verdienen, ist eine Gabe Gottes"

John   D.   Rockefeller

Ich war so besessen von dieser Frage, dass ich begann, die Reichen zu studieren. Ich las unzählige Bücher über reiche und erfolgreiche Menschen und wie sie es geschafft hatten. Ich suchte Kontakt zu wohlhabenden Menschen, nur um herauszufinden, warum sie reich waren. Ich konnte auf den ersten Blick eigentlich keine herausragenden Unterschiede zwischen Ihnen und mir selbst erkennen, bis auf einige Kleinigkeiten. Doch als ich dann begann diese vermeintlichen Kleinigkeiten genauer unter die Lupe zu nehmen, ging mir ein Licht auf. Sollte dies der Schlüssel zu ihrem   Erfolg   sein?

Nach jahrelanger Recherche stellte ich fest, dass es zwei Dinge waren, die sie von der Mittelschicht unterschieden:

1.   Sie   sind   nicht   geizig und

2. Sie wurden reich um des Geldes wegen.

KAPITEL 5

DIE REICHEN SIND NICHT GEIZIG

„Wer den Pfennig nicht ehrt, ist zehn Pfennig auch nicht wert." Nach dieser Maxime leben viele Menschen auch heutzutage noch. Was zu Omas Zeiten durchaus seine Berechtigung hatte, hat aus heutiger Sicht keinen Sinn mehr. Wir leben in anderen Zeiten. Der Krieg ist gottseidank vorbei und wir können es uns leisten, auch mal Geld auszugeben.

Doch auch ich schenkte dieser weit verbreiteten Ansicht glauben. Ich versuchte überall ein paar Cents zu sparen. Unter anderem war ich froh, wenn der Spritpreis drei bis vier Cent günstiger war als sonst. In diesem Falle tankte ich mein Auto voll und war überzeugt, ein Schnäppchen gemacht zu haben.

Doch reiche Menschen denken anders. Sie sind nicht auf der Jagd nach dieser Art von Schnäppchen. Sie sind vielmehr daran interessiert sich zu entwickeln und in ihre Bildung zu investieren. Ich persönlich kenne keinen einzigen vermögenden Menschen der nicht schon lange bevor er diesen Reichtum erlangt hat nicht regelmäßig zehn Prozent seines Einkommens gespendet hätte. Reiche spenden für wohltätige Zwecke, für arme Menschen, für

Gesundheitseinrichtungen oder auch für Schulen und andere Bildungseinrichtungen. Und sie geben nur aus einem Grund. Sie geben um des Gebens Willen. Und je mehr sie geben umso mehr erhalten sie. Um zu bekommen muss man geben. So ist der Kreislauf des Lebens. Es bringt nichts wenn ich krampfhaft versuche, jeden Cent meines Vermögens festzuhalten. Je mehr ich mich auf das Behalten des Geldes konzentriere umso eher entwischt mir das Geld, ohne dass ich wüsste wohin es geht. Es klingt paradox. Doch ich habe diese Geldgesetze und ihre Auswirkungen bei eigenem Leibe erfahren. Halten Sie nicht zu sehr an unwesentlichen Gewohnheiten und fast nutzlosen Kleinigkeiten, in denen es um Centbeträge geht, fest. Haben Sie immer das große Bild vor Augen. Der reichste Mensch aller Zeiten, John D. Rockefeller nahm z. B. Kredite in Höhe von einigen Hunderttausend Dollar auf und spendete davon mehre Zehntausend Dollar an wohltätige Vereine. Er wusste um seine Verantwortung. Es gibt viele bedürftige Menschen auf dieser Welt. Spenden Sie. Denn Reichtum bedeutet auch Verantwortung. Wer seinen Reichtum nur für sich selber aufbauen will ist unglücklich und verliert eine der wichtigsten menschlichen Tugenden, nämlich die Barmherzigkeit und das Mitleid. Ich sage nicht, dass Sie Ihr Geld sinnlos aus dem Fenster schmeißen sollen aber es ist auch weder Ihnen noch anderen geholfen, wenn Sie nur eigennützig handeln.

KAPITEL 6

SIE WURDEN REICH UM DES GELDES WEGEN

Jeder möchte reich sein. Ich glaube ich kenne niemanden, der nicht reich sein will. Reichtum verspricht ein einfacheres Leben, viel Freizeit und finanzielle Freiheit. Man kann tun und lassen was man will und ist an keinen festen Arbeitsplatz und auch an keinen Ort gebunden. Man kann viel reisen und sich wichtigeren Dingen im Leben widmen. Das ist Freiheit pur. Und Freiheit ist von jeher das älteste Bedürfnis der Menschheit. Das war auch mein Traum. Ich wollte reich sein und mein Leben so leben, wie ich es von denen kannte, die es uns vorgemacht haben. Wie schön musste es sein, nie wieder arbeiten zu müssen. Kein Chef im Nacken, der einem sagt, was man wann und wie zu tun hat. Kein morgendliches Frühaufstehen und zur Arbeit hetzen. Kein an den Gehalts-Check gekoppeltes Leben. Keine Abhängigkeit von Unternehmen, die theoretisch alle einmal pleite gehen können.

KAPITEL 7

DIE ANGST VOR DEM GELD

"Solange man nicht, Schritt für Schritt oder mit einem Schlag vom Ansatz des angstgesteuerten Denkens befreit ist, wird man mit keinem Geldbetrag zu Wohlstand kommen."
Anonym

Doch bei genauerem Hinschauen stellte ich fest, dass ich in Wirklichkeit Angst vor zu viel Geld hatte. Es war in der Tat so, dass ich gar nicht reich sein wollte. Das sind natürlich schlechte Voraussetzungen um ein großes Vermögen aufzubauen. Zu meinem Entsetzen war ich nicht der einzige, der so dachte. Ich spürte bei vielen meiner Bekannten und Verwandten, dass sie richtige Angst vor dem Geld hatten. Sie machen sich etwas vor und sagen Sachen wie, „ach hätte ich doch mehr Geld" und „ich verdiene einfach zu wenig".

Die Wahrheit ist, sie wollen es gar nicht. Sie wünschen sich sogar, dass sie niemals steinreich sind, weil sie gar nicht wüssten mit dem ganzen Geld umzugehen. Sie können ja nicht mal mit ihrem teilweise mickrigen Lohn umgehen. Wie sollen sie dann mit einem Vermögen zurechtkommen. Niemand hat es ihnen gezeigt. Wieso sagt man denn hierzulande, „Arbeit ist gut" oder „ich gehe arbeiten". Niemand sagt, „ich gehe Geld verdienen". Denn Wohlstand ist eine Geisteshaltung.

Doch woher kommt diese Angst? Um das Geld wird immer noch ein Mysterium gemacht. „Geld ist nicht gut", hören wir schon als Kinder. „Reiche Menschen sind gierig und schlecht."

Das brachte mich zu dem Schluss, dass zwar jeder gerne reich sein würde, nur keiner Geld haben will. Jeder will das Leben der reichen führen, doch keiner will so viel Geld haben wie sie. Denn das ist ja bekanntlich schlecht. Außerdem verbindet man mit Geld negativ behaftete Eigenschaften wie hart gesotten sein, Skrupellosigkeit und den Neid anderer.

Wie sonst ist es zu erklären, dass Menschen die unverhofft reich werden, z. B. Lottomillionäre das Geld einfach so verprassen. Sie haben Angst vor dem Geld und können damit nicht umgehen. Unbewusst wollen sie es einfach nur „loswerden". Otto-Normal-Reich-werden-Woller spart immer wieder einen gewissen Betrag an und hebt ihn dann wieder ab um irgendwelche Verbindlichkeiten zu begleichen. Dann fängt er wieder von vorne an und sagt sich, diesmal zieh ich es durch. Bis die nächste finanzielle Belastungsprobe kommt. Und wieder gibt er nach. Er tut das aber nicht, weil die Verbindlichkeit so wichtig ist oder weil er das Geld nicht auch anderweitig besorgen oder zumindest auf Raten abzahlen könnte. Nein, er hat sich unbewusst eine Schwelle gesetzt, die er nicht überschreiten kann oder will.

KAPITEL 8

DIE ANGST BESIEGEN

„Der Schlüssel um Wohlstand anzuziehen liegt darin, eine Fokussierung auf Dinge, die Ihnen Angst bereiten zu verweigern und Angst aus Ihrem Leben zu verbannen".

Thomas C. Chandler

Wer von Ihnen kennt das nicht. Die Abendnachrichten fangen an und es wird über Flugzeugabstürze, Krankheiten, Unruhen, Kriege, organisiertes Verbrechen, Korruption und Skandale berichtet. Nicht eine erfreuliche Nachricht. Nachrichten sind im Grunde genommen deprimierend weil sie Ängste schüren und den ohnehin schon verängstigten Bürger dazu bringen dass er sich in seiner Angst bestätigt sieht. Ich persönlich habe noch nie in den Nachrichten etwas über glückliche Menschen gehört die etwas schönes machen oder über Entspannungstechniken und Streßabbau. Seit Jahren boykottiere ich die Nachrichten. Es gibt immer etwas Schlechtes auf dieser Welt über das die TV-Sender oder die Tageszeitung berichten könnten. Doch wie viele angenehme Dinge gibt es, über die Niemand berichtet. Ich meine, wenn man den Nachrichten Glauben schenkt, darf man nicht einmal auf die Straße gehen, in bestimmte Länder nicht reisen, so gut wie gar nichts essen und keine Elektronik-Artikel besitzen, um es ein wenig überspitzt auszudrücken. Gibt es denn auf dieser Welt nur böses und nur böse Verbrecher, die mir an die Wäsche wollen? Ist die Realität nicht vielleicht ein bißchen anders? Ich wette auch in Ihrem Leben, gibt es weitaus mehr erfreuliche als unerfreuliche Umstände. Wir Menschen neigen leider dazu, negative Erlebnisse über zu bewerten und vergessen dabei die schönen Dinge, die uns umgeben. Es gibt immer etwas schönes zu erleben. Lassen Sie sich nicht von negativen Gedanken den Tag verderben und versuchen Sie an all die Reichtümer zu denken, wie z.B. Ihre Ehepartnerin, ihr Ehepartner, ihre Kinder, Enkel, Freunde und Hobbies, jene unbezahlbaren Lebensversüßer die Sie aufbauen und durch sie Energie auftanken können. Machen Sie es wie ich, verzichten Sie weitestgehend auf schlechte Nachrichten, denn das schlägt sich unweigerlich auf Ihr Gemüt nieder. Seien Sie für den Moment dankbar für all die Dinge, die Sie sonst als selbstverständlich erachten.

Eine gute und leicht anzuwendende Möglichkeit,

sich nicht von negativen Gedanken unterkriegen zu lassen, ist, im Hier und Jetzt zu sein. Stehen Sie auf, wenn sie negative Gedanken quälen, unterbrechen Sie Ihre Arbeit, gehen Sie spazieren, rufen Sie jemanden an und fragen wie es ihm geht. Auch wenn es noch so einfach klingt, vergessen wir das sehr oft, wenn wir traurig sind oder Angst haben. Wir müssen uns immer wieder daran erinnern.

KAPITEL 9

DIE
VERMÖGENSSCHWELLE

Diese Schwelle ist von Mensch zu Mensch äußerst individuell geprägt. Für den einen bedeuten bereits 100 Euro schon viel Geld, für den anderen 2.000 Euro. Bei wiederum anderen liegt sie womöglich noch weitaus höher oder sogar niedriger. Bei mir war es so, dass immer wenn ich 4.000 Euro angespart hatte, ich das Geld „unbedingt brauchte". Ich habe diese Schwelle so oft angespart, bin aber selten darüber gekommen und wenn, dann meistens nicht lange.

KAPITEL 10

DEN REICHTUM
DEFINIEREN

Wo fängt Reichtum für Sie an? Bei 100.000 Euro, bei 1.000.000 Euro? Sie werden es nicht glauben. All diese Summen erscheinen uns so hoch, fantastisch und unerreichbar, dass wir es nie schaffen werden, sie zu erreichen. Wir haben Angst vor so großen Zahlen. Ich denke Reichtum fängt bei allen Menschen viel weiter unten an, irgendwo zwischen 1 Euro und 2.500 Euro.

Reichtum fängt bei dem höchsten Betrag an, den man je erhalten oder gehabt hat, an. Sobald man über diesen Betrag kommt, wird es kritisch. Das Geld wird schneller wieder abgebucht als es gespart wurde.

Glauben Sie mir, wenn Sie diesen Zusammenhang erkannt haben, werden sie reich und immer reicher. Sie müssen nur Ihren Reichtum und ihre Vermögensschwelle definieren.

Die Menschen haben einfach Angst vor Beträgen, die ihren Horizont überschreiten. Wenn Sie sagen wir mal 2.000 Euro im Monat verdienen, können Sie es sich nicht vorstellen mehr Geld zu besitzen. Der Schlüssel zu einem langanhaltenden und stetig wachsenden Vermögen liegt darin, Ihre persönliche Vermögensschwelle nachhaltig zu überschreiten. Erst dann haben Sie es geschafft und sind nicht nur reich, sondern fühlen sich auch so.

KAPITEL 11

DIE KRAFT DER GEDANKEN

Stellen Sie sich vor, Sie sehen einen Bericht im Fernsehen über einen Auswanderer im Land der unbegrenzten Möglichkeiten. Ein Mensch, der mit einer Geschäftsidee in den USA ein Vermögen gemacht hat. Er ist Multimillionär und die Kamera zeigt sein Anwesen, ein fettes Haus mit Swimmingpool, einen extravaganten Fuhrpark und Bedienstete, die für ihn arbeiten. Wie fühlen Sie sich? Denken Sie sich nicht, so wie der möchte ich auch leben? Ich kenne Sie nicht, und doch würde ich wetten, dass auch Ihnen ähnliche Dinge durch den Kopf gehen würden. Sie träumen davon, wie es wäre an seiner Stelle zu sein. So ergeht es jedem von uns. Also erwacht der Traum, reich zu werden.

Doch da es nicht schnell genug geht, verlässt uns schnell wieder der Mut. Wenn ich angenommen innerhalb von zwei Jahren sagen wir 3.000 Euro anspare, kommt es mir im Vergleich zu den anderen oder zu meinem Ziel verschwindend gering vor. Denn ich habe ja vor, Millionen zu machen.

Sehen Sie, und genau da liegt der Fehler. Nehmen Sie sich nicht vor, 100.000 Euro oder 1.000.000 Euro zu besitzen sondern nur immer ein bisschen mehr als Ihre persönliche Vermögensschwelle. Wenn diese bei Ihnen bei sagen wir 2.000 Euro liegt, müssen Sie etwas mehr, am besten so circa 2.200 Euro mindestens ein Jahr lang auf dem Sparbuch oder Tagesgeldkonto haben. Sie dürfen dieses Geld unter keinen Umständen anfassen. Es muss tabu sein. Wenn Sie diese Schwelle überschritten haben, ist es ratsam, eine Zeit nur noch kleinere Beträge einzuzahlen, hauptsache das Vermögen bleibt bestehen und wächst selbst mit Kleinstbeträgen stetig weiter an. Denn reich macht Sie bekanntlich ja nur das Geld, das Sie behalten, egal wieviel Sie verdienen. Die Wahrheit ist, Leute, die es wirklich geschafft haben, ein Milliardenimperium aufzubauen wie ein Bill Gates, ein Warren Buffet oder ein George Soros werden nicht beneidet weil sie soviel Geld haben, sondern weil sie als Gewinnertypen, als Helden angesehen werden. Sie haben in den Augen der meisten Nachahmer das gewisse etwas, jene nicht greifbare, unbeschreibliche Fähigkeit, die sie wie einen Mythos erscheinen läßt. Eine große Figur, die stärker ist als alle anderen und es allen anderen „gezeigt hat". Und es ist jedem Menschen bewußt, daß ein Mythos ein Traum ist und nichts reelles. Und diese Fähigkeiten möchte man unbewusst der Allgemeinheit vorgaukeln, indem man „es auch schafft", indem man Millionär oder gar Milliardär wird.

Vergessen Sie alles, was Sie über Geld gehört haben. Solange Sie diesem Traum nachjagen wird es Ihnen nie gelingen Ihr Gehirn auf finanziellen Erfolg zu programmieren. Denn Ihr Unterbewusstsein wird Ihnen immer wieder sagen, dass Sie diesen Traum niemals werden realisieren können. Und das ist der Schlüssel zum Erfolg. Sie müssen Barrieren durchbrechen und über den Tellerrand blicken. Sie müssen einen Grund haben, weshalb Sie Wohlstand anstreben. Einen ureigenen Grund und keinen von anderen auferlegten Grund, der Sie über Umwege und unüberbrückbare Hindernisse zum Aufgeben zwingt. Stellen Sie sich die Frage, warum Sie finanzielle Freiheit anstreben und ob dieses Ziel für Sie überhaupt erstrebenswert ist. Lesen Sie bitte erst dann weiter wenn Sie für sich diese Frage schriftlich beantwortet haben und zu dem Schluss gekommen sind, dass es tatsächlich Ihr Ziel ist und sie es auch wirklich wollen.

Reich sein und Geld haben sind für mich zwei völlig verschiedene Dinge. Nur geht Reichsein ohne Geld nicht. Zum Reichsein gehört nunmal Geld. Machen Sie sich diese Tatsachen bewußt. Nach meiner Definition sind Sie schon reich, auch wenn Sie wenig besitzen. Wenn Sie es schaffen einen gewissen Geldbetrag anzusparen und liegen zu lassen sind Sie reich. Erst dann können Sie anfangen, noch reicher zu werden. Das heißt nichts anderes, als dass man sich daran gewöhnen muss Geld zu haben. Nehmen Sie sich Geld und legen es zur Seite. Dieses Geld fassen Sie nie wieder an. Mit jedem Einkommen, dass Sie erzielen legen sie weitere, sagen wir zehn Prozent dazu. Und dieses Geld fassen Sie wieder nicht an. Und immer so weiter. Gewöhnen Sie sich daran, Geld zu haben, und es nicht auszugeben. Es klingt schwer und es ist auch in der Tat schwer. Aber mit dem richtigen Willen und dem großen Bild vor Augen, werden auch Sie es schaffen. Es fühlt sich schön an, Geld zu haben und es nicht zu brauchen. Es ist beruhigend und ermutigend zugleich. Es ist ein Kampf gegen falsche Einstellungen zu Geld und zu Reichtum. Aber auf Dauer werden Sie ihn gewinnen, wenn Sie es nur wirklich wollen.

Schlusswort

Ich hoffe, dieses Buch hat Sie zum Denken angeregt und Sie ändern Ihre Einstellung zu Geld und zum Reichtum. Es braucht Zeit und einen wichtigen Grund, der wesentlich größer ist, als alle Verbindlichkeiten des Lebens. Die anderen Reichen haben es auch nicht anders gemacht. Sie wollten von vornherein Geld haben und haben Geld angezogen. Sie wollten nicht einfach nur reich sein. Sie haben eine andere Einstellung dem Geld gegenüber. Sie wissen, ohne die eiserne Disziplin, wenigstens einen Teil des Geldes zu sparen und einen anderen zu spenden, werden sie es nie schaffen Reichtümer an zu häufen. Ich wünsche Ihnen, dass Sie Ihre Einstellung ändern und unermessliche Reichtümer anhäufen. Das wird Ihre „goldene Gans" und diese goldene Gans dürfen Sie nie schlachten sondern Sie müssen sie immer weiter füttern und füttern. Alles Gute in Ihrem weiteren Leben.

Ihr

James Bennett

www.ingramcontent.com/pod-product-compliance
Lightning Source LLC
Chambersburg PA
CBHW071005180526

45168CB00003B/1296